BEI GRIN MACHT SICH
WISSEN BEZAHLT

- Wir veröffentlichen Ihre Hausarbeit,
  Bachelor- und Masterarbeit

- Ihr eigenes eBook und Buch -
  weltweit in allen wichtigen Shops

- Verdienen Sie an jedem Verkauf

Jetzt bei www.GRIN.com hochladen
und kostenlos publizieren

Bibliografische Information der Deutschen Nationalbibliothek:

Die Deutsche Bibliothek verzeichnet diese Publikation in der Deutschen National-bibliografie; detaillierte bibliografische Daten sind im Internet über http://dnb.d-nb.de/ abrufbar.

Impressum:

Copyright © 2012 GRIN Verlag, Open Publishing GmbH
Druck und Bindung: Books on Demand GmbH, Norderstedt Germany
ISBN: 9783668258389

Dieses Buch bei GRIN:

http://www.grin.com/de/e-book/194690/vorstadtkrokodile-im-deutschunterricht-erarbeitung-durch-stationenlernen

Franziska Sobania

"Vorstadtkrokodile" im Deutschunterricht. Erarbeitung durch Stationenlernen in einer 6. Klasse

GRIN Verlag

Schriftlicher Unterrichtsentwurf

für die **Prüfungslehrprobe**

im Ausbildungsfach **Deutsch**

Thema der Stunde:

Max von der Grün:
Vorstadtkrokodile – Gemeinsam sind wir stark

Datum: 16. Februar 2012

Klasse: 6b

Inhaltsverzeichnis

1) Ziele der Stunde

Die Zielstellungen der geplanten Unterrichtsstunde orientieren sich an der aktuellen Klassensituation sowie am Kenntnisstand und den Lernvoraussetzungen der Schüler[1]. Folgende Zielformulierungen gehen auf das Kompetenzmodell des Thüringer Lehrplans für das Fach Deutsch zurück[2].

1.1) Grobziel

In dieser Jahrgangsstufe entwickeln die Schüler das in den vorangegangenen Schuljahren geübte sinnerfassende und sinngestaltende Lesen mithilfe einer Ganzschrift *Vorstadtkrokodile* von Max von der Grün weiter[3]. In diesem Zusammenhang erweitern sie ihre Fähigkeiten und Fertigkeiten im Umgang mit Literatur auf formaler, inhaltlicher und kreativer Ebene. Darüber hinaus fördern und fordern sie ihre Selbst- und Sozialkompetenz durch das Lernen in differenzierten Kommunikationssituationen sowie die Weiterentwicklung des sozialen Bewusstseins gegenüber anderen.

1.2) Feinziele[4]

Lernziel im Bereich der Sachkompetenz

(1) Die Schüler sind selbstständig in der Lage, unter Verwendung der ihnen zur Verfügung stehenden Materialien an den Stationen ihre bereits erlangten Kenntnisse zum Inhalt und Autor des Buches *Vorstadtkrokodile* abzurufen, indem sie mit diesen Informationen themenbezogen umgehen und in Form des Steckbriefes, Tagebucheintrages, persönlichen Briefes, Umschreibens einer Geschichte, Lückentextes, der Bild- und Rätselgestaltung inhaltlich korrekt schriftlich in ihrem Lese-Fernrohr festhalten.

(2) Die Schüler sind imstande, mithilfe der bereitliegenden Materialien in selbstgewählter Einzel- oder Partnerarbeit mindestens eine Station vollständig zu bearbeiten, diese mit der

---

[1] Aus sprachökonomischen Gründen werden die Bezeichnungen Schüler, Heranwachsende und Lernende für beide Geschlechter verwendet.
[2] Vgl. Thüringer Ministerium für Bildung Wissenschaft und Kultur (Hrsg.): Lehrplan für den Erwerb des Haupt- und Realschulabschlusses Deutsch. Erfurt 2011. S. 17 ff.
[3] Die Ausführungen sowie erstellten Materialien für das Stationenlernen beziehen sich auf folgende Ausgabe: von der Grün, Max: Vorstadtkrokodile. München 2006.
[4] Es ist darauf hinzuweisen, dass die Lernziele 1 bis 23 und 25 erst am Ende des Stationenlernens für alle Schüler abrechenbar sind. Zudem liegt für die Station *4) Wir frieren ein* eine Fotographiergenehmigung von allen Schülern vor.

1

entsprechenden Lösungsvorlage zu kontrollieren und die Fertigstellung der Station an der Klassenliste durch das Abkreuzen der entsprechenden Aufgabe kenntlich zu machen[5].

Lernziele im Bereich der Methodenkompetenz

Stationen	Lernziele im Bereich der Methodenkompetenz
Lernt den Autor kennen (grün)	(3) Die Schüler können ihre Kenntnisse zum Schreiben eines Steckbriefes mithilfe der bereitliegenden Materialien, der sieben vorgegebenen Kriterien und dem Hinweis zur Anzahl der jeweils zu erarbeitenden Informationen in selbstständiger Einzel- oder Partnerarbeit anwenden, indem sie die Informationen zum Autor Max von der Grün vollständig und übersichtlich notieren.
Lernt den Autor kennen (gelb)	(4) Die Schüler können ihre Kenntnisse zum Schreiben eines Steckbriefes mithilfe der bereitliegenden Materialien sowie der vier vorgegebenen Kriterien in selbstständiger Einzel- oder Partnerarbeit anwenden, indem sie die Informationen zum Autor Max von der Grün vollständig und übersichtlich notieren und weitere Kriterien mit passenden Informationen schriftlich ergänzen.
Lernt den Autor kennen (rot)	(5) Die Schüler können ihre Kenntnisse zum Schreiben eines Steckbriefes mithilfe der bereitliegenden Materialien in selbstständiger Einzel- oder Partnerarbeit anwenden, indem sie Informationen zum Autor Max von der Grün vollständig und übersichtlich notieren.
Wahre Freunde kann niemand trennen (grün)	(6) Die Schüler können ihr Wissen zum formalen und inhaltlichen Aufbau sowie zur Sprache eines Tagebuchseintrages oder persönlichen Briefes mithilfe der vorliegenden Merkblätter sowie dem Buch *Vorstadtkrokodile* in selbstständiger Einzel- oder Partnerarbeit anwenden, indem sie sich in die Lage von Kurt oder Hannes versetzen und einer Freundin/ einem Freund von der Freundschaft zwischen ihnen in einem zusammenhängenden, geschriebenen Text erzählen.

---

[5] Es ist darauf hinzuweisen, dass dieses Ziel für die Stationen gilt, für die eine Lösung vorliegt.

Wahre Freunde kann niemand trennen (gelb)	(7) Die Schüler können ihr Wissen zum formalen und inhaltlichen Aufbau sowie zur Sprache eines Tagebuchseintrages oder persönlichen Briefes mithilfe der vorliegenden Merkblätter in selbstständiger Einzel- oder Partnerarbeit anwenden und über ihre Erlebnisse, Gedanken und/ oder Gefühle zum Thema *Freundschaft* in Form eines zusammenhängenden Text schreiben.
Wahre Freunde kann niemand trennen (rot)	(8) Die Schüler können ihr Wissen zum formalen und inhaltlichen Aufbau sowie zur Sprache eines Tagebuchseintrages oder persönlichen Briefes mithilfe der vorliegenden Merkblätter in selbstständiger Einzel- oder Partnerarbeit anwenden und unter Berücksichtigung des Themas *Freundschaft* einen zusammenhängenden Text schreiben.
Jeder hat seine Stärken und Schwächen (grün)	(9) Die Schüler sind in der Lage durch bereits absolviertes, gründliches Lesen der Geschichte *Vorstadtkrokodile*, ihr Wissen zum Thema *Behinderung* in selbstständiger Einzel- oder Partnerarbeit abzurufen und einen Lückentext, in dem die Anfangsbuchstaben der einzutragenden Wörter sowie die Wortanzahl der Lösungswortgruppen gekennzeichnet sind, mithilfe der vorgegebenen Wörter und Wortgruppen inhaltlich richtig zu vervollständigen. (10) Die Schüler sind in der Lage durch bereits absolviertes, gründliches Lesen der Geschichte *Vorstadtkrokodile*, ihr Wissen zum Thema *Behinderung* in selbstständiger Einzel- oder Partnerarbeit abzurufen und eine konkrete Aussage mithilfe einer Textstelle im Buch auf Seite 99 mit eigenen Worten schriftlich zu erklären.
Jeder hat seine Stärken und Schwächen (gelb)	(11) Die Schüler sind in der Lage durch bereits absolviertes, gründliches Lesen der Geschichte *Vorstadtkrokodile*, ihr Wissen zum Thema *Behinderung* in selbstständiger Einzel- oder Partnerarbeit abzurufen und einen Lückentext mithilfe vorgegebener Wörter und Wortgruppen inhaltlich richtig zu vervollständigen. (12) Die Schüler sind in der Lage durch bereits absolviertes, gründliches Lesen der Geschichte *Vorstadtkrokodile*, ihr Wissen

	zum Thema *Behinderung* in selbstständiger Einzel- oder Partnerarbeit abzurufen und eine konkrete Aussage unter Verwendung des Buches mit eigenen Worten schriftlich zu begründen.
Jeder hat seine Stärken und Schwächen (rot)	(13) Die Schüler sind in der Lage durch bereits absolviertes, gründliches Lesen der Geschichte *Vorstadtkrokodile*, ihr Wissen zum Thema *Behinderung* in selbstständiger Einzel- oder Partnerarbeit abzurufen und unter Berücksichtigung dieser Kenntnisse einen Lückentext mithilfe des Buches inhaltlich richtig zu vervollständigen. siehe Ziel (12)
Ihr werdet Schriftsteller (grün)	(14) Die Schüler können unter Berücksichtigung ihrer kreativen Fähigkeiten und Fertigkeiten mithilfe von Impulsen zur Ideenfindung ab der vorgegebenen Textstelle im Buch auf Seite 154 ein anderes Ende des Buches *Vorstadtkrokodile* in selbstständiger Einzel- oder Partnerarbeit erfinden und sauber und ordentlich aufschreiben.
Ihr werdet Schriftsteller (gelb)	(15) Die Schüler können unter Berücksichtigung ihrer kreativen Fähigkeiten und Fertigkeiten ab der vorgegebenen Textstelle im Buch auf Seite 154 ein anderes Ende des Buches *Vorstadtkrokodile* in selbstständiger Einzel- oder Partnerarbeit erfinden und sauber und ordentlich aufschreiben.
Ihr werdet Schriftsteller (rot)	(16) Die Schüler können unter Berücksichtigung ihrer kreativen Fähigkeiten und Fertigkeiten ein anderes Ende des Buches *Vorstadtkrokodile* in selbstständiger Einzel- oder Partnerarbeit erfinden und sauber und ordentlich aufschreiben.
Der gemeinsame Wohnort (grün)	(17) Einzelne Schüler können durch gründliches und verstehendes Lesen der Informationen auf dem Arbeitsauftrag den Lageplan in selbstständiger Einzel- oder Partnerarbeit mit den Namen der Krokodiler inhaltlich richtig vervollständigen.
Das geheimnisvolle Lager (grün)	(18) Einzelne Schüler sind imstande, die konkrete Textstelle zur Beschreibung des Lagers der Einbrecher im Buch *Vorstadtkrokodile* zu finden und in selbstständiger Einzel- oder Partnerarbeit mithilfe dieser Informationen ein inhaltlich richtiges Bild zum Lager zu malen.

Ihr kennt die Krokodiler (gelb)	(19) Einzelne Schüler sind in der Lage, durch bereits absolviertes, gründliches Lesen der Geschichte *Vorstadtkrokodile* ihr Wissen zu den Mitgliedern der Bande selbstständig abzurufen und mithilfe eines Memorys den einzelnen Personen die richtige Beschreibung zuzuordnen.
Ihr seid Rätselkünstler (gelb)	(20) Einzelne Schüler sind in der Lage, ihre kreativen Fähigkeiten und Fertigkeiten anzuwenden, indem sie durch bereits absolviertes, gründliches Lesen der Geschichte *Vorstadtkrokodile* ihr Wissen zum Inhalt des Buches in selbstständiger Einzel- oder Partnerarbeit abrufen und damit ein individuelles Rätsel mit einer dazugehörigen Lösungsvorlage erstellen.
Das Buchstabenwirrwarr (rot)	(21) Einzelne Schüler können ihr bereits erlangtes Wissen zu den Regeln der deutschen Rechtschreibung sowie dem Umgang mit dem Wörterbuch in selbstständiger Einzel- oder Partnerarbeit anwenden, indem sie einen Text gründlich lesen, Rechtschreib- sowie Zeichensetzungsfehler sichtbar markieren und anschließend schriftlich berichten.
Gemeinsam in Dortmund (rot)	(22) Einzelne Schüler sind imstande, ihre kreativen Fähigkeiten und Fertigkeiten in selbstständiger Einzel- oder Partnerarbeit anzuwenden, indem sie sich mithilfe der bereitliegenden Materialien über die Stadt Dortmund informieren und die erarbeiteten Informationen anschaulich darstellen.

Lernziele im Bereich der Sozialkompetenz

Station	Lernziel im Bereich der Sozialkompetenz
Wir frieren ein (gelb)	(23) Die Schüler entwickeln ihre Fähigkeiten und Fertigkeiten weiter im Team zu arbeiten, indem sie anhand des gestellten Arbeitsauftrages themenbezogen und respektvoll miteinander kommunizieren und zu einer gemeinsam ausgewählten Situation des Buches *Vorstadtkrokodile* zusammen ein Standbild entwerfen und dieses mithilfe einer Digitalkamera fotografieren.

(24) Die Lernenden übernehmen zunehmend Verantwortung für ihren Lernprozess, indem sie in selbstgewählter Einzel- oder Partnerarbeit die ihnen bekannten Verhaltensregeln während der Lerntheke akzeptieren und mithilfe der Visualisierung an der Tafel sowie durch wenige verbale Impulse der Lehrerin weitestgehend einhalten.

Lernziele im Bereich der Selbstkompetenz

Station	Lernziel im Bereich der Selbstkompetenz
Wir sprechen miteinander (rot)	(25) Die Schüler entwickeln ihre Bereitschaft weiter, mit eigenen Empfindungen aufgeschlossen umzugehen, indem sie mithilfe der vorgegebenen Textstelle im Buch *Vorstadtkrokodile* auf den Seiten 43 bis 45 sowie den Gesprächsimpulsen mit ihren Mitschülern über ihre Erlebnisse, Gedanken und Gefühle zum Thema *Ausländerfeindlichkeit* offen sprechen.

(26) Die Heranwachsenden übernehmen zunehmend Verantwortung für ihren eigenen Lernprozess, indem sie in ihre Aufzeichnungen mithilfe der Lösungsvorlagen in selbstständiger Einzel- oder Partnerarbeit vollständig vergleichen, berichtigen und ergänzen.

(27) Die Schüler sind in der Lage, die Arbeitsergebnisse anderer anzuerkennen, indem sie während der Vorstellung dieser durch einzelne Schüler weitestgehend ohne Hilfe der Lehrerin aufmerksam zuhören.

(28) Einzelne Schüler fördern ihr Selbstbewusstsein, indem sie ihre Arbeitsergebnisse der Stunde der gesamten Klasse auf freiwilliger Basis laut und deutlich vorstellen.

2) Situation der Lerngruppe

2.1) Allgemeine Situation der Lerngruppe

2.1.1) Entwicklungs- und lernpsychologische Voraussetzungen

Die Heranwachsenden der Klasse 6b befinden sich im Alter zwischen 11 und 12 Jahren. Demzufolge sind sie hinsichtlich ihrer psychologischen und physiologischen Entwicklung in die Phase der frühen Adoleszenz einzuordnen. Zu Beginn des Jugendalters prägen die

Heranwachsenden allmählich pubertäre Merkmale aus, welche einen Fortschritt auf körperlicher, kognitiver und psychosozialer Ebene der Lernenden verdeutlichen[6]. Zimbardo spricht im Bezug auf die physische Entwicklung von einem „präadoleszenten Wachstumsspurt"[7]. Dabei konzentriert er sich auf die Veränderung der Körpergröße, des Gewichtes sowie der Ausprägung der Geschlechtsmerkmale der Jugendlichen. In der Lerngruppe ist diesbezüglich eine weitestgehend homogene Entwicklung festzustellen. Lediglich G. und K. sind körperlich weiter entwickelt als ihre Mitschüler, obwohl sie sich im gleichen Alter befinden.

Desgleichen ist bei den Schülern ein kognitiver Reifeprozess zu konstatieren. Sie greifen in Ansätzen auf ihr bisher erlangtes Wissen sowie ihre Erfahrungen zurück, um Lernprozesse organisiert umzusetzen. In diesem Zusammenhang entwickeln sie ihre motorischen und kreativen Fertigkeiten im Umgang mit Medien und Materialien weiter und beziehen individuelle Talente in differente Vorgänge ein. Zudem lernen sie, ihren Arbeitsprozess effektiv zu planen und zu realisieren. Durch die gesteuerte Selbstreflexion erkennen sie eigene Schwächen und entwickeln mithilfe der Lehrer, Erziehungsberechtigten und Mitschüler individuelle Lösungswege, die einen Lernerfolg erzielen können[8]. Nach Kohlberg können die Schüler in diesem Alter auf der konventionellen Ebene der Moralentwicklung angeordnet werden[9]. Sie orientieren sich an autoritären Personen, an festen Regeln und an der Aufrechterhaltung der sozialen Ordnung. In diesem Stadium erlebt sich der Heranwachsende allmählich als Mitglied einer Gemeinschaft. Dieses Verhalten ist bei einem Großteil der Klasse 6b zu beobachten. Lediglich S. und I. neigen temporär dazu, sich gegen Vorgaben zu widersetzen. Sie lassen sich somit zwischen der präkonventionellen und konventionellen Ebene einstufen[10].

2.1.2) Sozial-kulturelle Voraussetzungen

Zu den sozial-kulturellen Bedingungen der Schüler sind nur wenige Aspekte zu erwähnen. Ein Großteil der Heranwachsenden stammt aus gut bis sehr gut situierten Verhältnissen. Demgegenüber gibt es Lernende, deren Eltern aufgrund verschiedener Hintergründe keiner Arbeit nachgehen und demnach auf finanzieller Ebene stark eingeschränkt sind. Die Lernenden kommen aus differenziert strukturierten Familien. Ein Großteil der Klasse lebt

---

[6] Vgl. Mietzel, Gerd: Wege in die Psychologie. 12. Auflage, Stuttgart 2005. S. 108.
[7] Zimbardo, Philip G.: Psychologie. 4. neubearbeitete Auflage, Berlin/ Heidelberg 1983. S. 147.
[8] Vgl. Ebd. S.147, Vgl. Gartz, Detlef: Sozialpsychologische Entwicklungstheorien. Von Mead, Piaget, Kohlberg bis zur Gegenwart, Wiesbaden 2006. S. 88 f.
[9] Vgl. Gartz. S. 88.
[10] Vgl. Ebd. S. 88.

in intakten Verhältnissen, bestehend aus zwei Erziehungsberechtigten. Daneben wachsen einzelne Schüler bei nur einem Elternteil auf. Im weiteren Sinne weisen vier Heranwachsende einen Migrationshintergrund auf, da mindestens ein Elternteil einer anderen Nationalität angehört. Diese Besonderheiten sind an äußerlichen Merkmalen, wie der Hautfarbe oder dem Namen, nachvollziehbar.

2.1.3) Sozial-kommunikative Voraussetzungen

Die Klasse 6b ist im Kollegium als freundlich, respektvoll, leistungsstark und kreativ bekannt. Das führt zu einem angenehmen Lernklima im Unterricht und in den Pausen. Aus diesem Grund konnte sich seit Beginn des Schuljahres 2011/ 2012 ein gutes Lehrer-Schüler-Verhältnis zwischen den Lernenden und mir entwickeln. Die Schüler pflegen weitestgehend einen altersspezifisch angemessenen Umgang miteinander, wenngleich die Geschlechter bislang separiert voneinander auftreten. Daraus hervorgehend lässt sich bezüglich der Gruppendynamik eine klare Geschlechter-trennung konstatieren. Eine enge, freundschaftliche Bindung herrscht zwischen A., B., C. und D. sowie E. und F. Bei den Mädchen hat sich aufgrund der Sitzordnung in Tischgruppen eine Freundschaft zwischen G., H., I. und J. entwickelt. Auch K., L., M. und N. verbringen in der Schule viel Zeit zusammen. Darüber hinaus agieren die Mädchen auch über diese Gruppenkonstellationen miteinander. Die anderen Heran-wachsenden können nicht konkret einer bestimmten Gruppe zugeteilt werden. Sie suchen zu vielen Mitschülern Kontakt. O. und P. nehmen eine Sonderrolle in der Klasse ein. Das Mädchen versäumt seit Mitte Dezember regelmäßig den Unterricht. In Zusammenarbeit mit der Sozialarbeiterin der Schule versucht die Klassenlehrerin bislang vergeblich einen Zugang zu den Eltern und O. zu finden. P. wird von seinen Klassenklameraden toleriert, wenngleich der Umgang mit ihm in den Pausen gemie-den wird. Eine positive Entwicklung ist bei Q. und R. zu verzeichnen. Q. bemüht sich, vor allem in Phasen des offenen Unterrichts, mit ihren Mitschülern in Kontakt zu treten. Dies gelingt ihr zunehmend. R. ist auf einem guten Weg, seine Rolle innerhalb des Klassengefüges zu finden. Bei der Durchführung offener Unterrichtsmethoden sowie in den Pausen gesellt er sich oft zu A., mit dem zu Beginn des Schuljahres noch große Konflikte bestanden.

Bei der Klasse 6b handelt es sich um eine leistungsstarke und lernwillige Lerngruppe. Dies erkennt man daran, dass sie einerseits die Form des individuellen Stundenbeginns akzeptieren und einhalten. Hierbei genügen in der Regel das präsente Auftreten der Lehrerin vor der Klasse sowie der verbale Hinweis für den Unterrichtsbeginn. In wenigen

Situationen muss dieser durch ein Glockenzeichen unterstützt werden. Außerdem kennen sie die Verhaltens- und Gesprächsregeln im frontalen sowie offenen Unterricht, welche sie anerkennen und weitestgehend beachten. Lediglich I., N. und S. fällt es temporär schwer, sich aktiv am Unterricht zu beteiligen. Die Mädchen ziehen es zeitweise vor, während der Arbeitsphasen private Gespräche mit ihren Mitschülern zu führen. S. offeriert in Abhängigkeit seines tagesformbedingten Befindens des Öfteren seine mangelnde Lernbereitschaft, indem er sich negierend zu Arbeitsaufträgen äußert und sein Verhalten daran ausrichtet. Durch individuelle Zuwendung, verbale Hinweise oder alternative Aufträge können die Heranwachsenden jedoch stets beruhigt und zur Weiterarbeit motiviert werden.

Arbeitsaufträge löst ein Großteil der Heranwachsenden konzentriert und zügig. Viele Schüler scheuen sich nicht davor, bei Unklarheiten Fragen zu stellen und nehmen die Hilfe der Lehrerin oder Mitschüler dankend an. K., Q. und P. verfügen über einen pädagogischen Förderplan im Bereich des Lernens. Q. und P. beanspruchen bei Bedarf selbstständig die Unterstützung durch die Lehrerin oder den Banknachbarn. K. zeigt große Defizite im verstehenden Lesen auf, sodass es ihr kaum möglich ist, Aufträge eigenverantwortlich zu bearbeiten. Da sie selbstständig keine Hilfe beim Lernen sucht, ist es wichtig, ihr als Lernberaterin beiseite zu stehen. Ein Lernpartner aus der Klasse könnte in diesem Zusammenhang ebenso eine positive Wirkung erzielen. Da das Mädchen jedoch ein hohes Maß an Zuwendung benötigt, würde dieser den eigenen Lernprozess vernachlässigen. H. und T. verfügen über einen Förderplan im Bereich des Lesens und Schreibens. Sie suchen zeitweise die besondere Aufmerksamkeit zur individuellen Förderung.

2.2) Äußere Lernbedingungen

Der große, helle Klassenraum der 6b befindet sich im ersten Stock. Die lange Fensterfront zeigt direkt auf eine stark befahrene Straße sowie eine Kirche, die zu jeder vollen Stunde ein Glockenspiel erklingen lässt. Das Öffnen des Fensters ist somit mit einem erhöhten Geräuschpegel verbunden, der in Arbeitsphasen einen Störfaktor darstellt. Vor wenigen Wochen wurde in dem Raum ein Smart-Board installiert, welches derzeit noch inaktiv ist und somit für den Unterricht leider noch nicht genutzt werden kann. Um für die vorliegende Unterrichtssituation eine angenehme Lernumgebung zu schaffen, beziehe ich den bestehenden Sitzplan in Form von Tischgruppen in die Planung ein. Um ausreichend Platz für die einzelnen Stationen zu gewährleisten, werden zusätzlich Tische im Raum aufgestellt.

2.3) Eigene Lehrsituation

Ich unterrichte die Klasse 6b seit August 2011 im Fach Deutsch. Somit verbringe ich wöchentlich vier Unterrichtsstunden mit den Heranwachsenden. Das aufgeschlossene und respektvolle Wesen der Lerngruppe ermöglichte die schnelle Entwicklung eines guten Lehrer-Schüler-Verhältnisses. Exemplarisch hierfür stehen die netten Begrüßungen vieler Schüler am Morgen beim Betreten des Klassenraums, die Kontaktaufnahme der Schüler zu mir in den Pausen sowie die aktive Mitarbeit eines Großteils der Lerngruppe während des Unterrichts. Die Schüler akzeptieren mich als Lehrperson. Zusammenfassend kann ich sagen, dass ich mich sehr wohl in der Klasse fühle und sehr gern den Unterricht gemeinsam mit der Klasse gestalte.

In der geplanten Unterrichtssituation schlagen sich zwei persönliche Schwerpunkte meiner Ausbildung nieder. Zum Einen erziele ich es, den Heranwachsenden die Möglichkeit des selbstständigen Lernens zu offerieren. Durch die offene Unterrichtsform des Lernens an Stationen fordern und fördern sie ihre Methoden-, Selbst- und Sozialkompetenz und übernehmen zunehmend Verantwortung für den eigenen Lernprozess. In diesem Zusammenhang verfolge ich weiterhin das Ziel, meine Lehrerpersönlichkeit dahingehend zu entwickeln, als Lernberater und -unterstützer zu fungieren.

3) Didaktische Überlegungen und methodisches Herangehen

3.1) Einordnung der geplanten Unterrichtssituation in die Stoffeinheit

Datum	Thema	inhaltliche Schwerpunkte
17.01.12 bis 03.02.12	*Lesewochen* – *Vorstadtkrokodile*	• individuelles, stilles Lesen des gesamten Buches • Aufgabenkatalog • Gestalten des Lese-Fernrohres
14.02.12	*Max von der Grün: Vorstadtkrokodile – Gemeinsam sind wir stark (1)*	• Einführen des Verlaufs und Inhalts des Stationenlernens
16.02.12	*Max von der Grün: Vorstadtkrokodile – Gemeinsam sind wir stark (2)* **(Prüfungslehrprobe)**	• Darstellen von Informationen durch verschiedene Methoden • kreatives Schreiben • Teamarbeit sowie Wortschatzerweiterung durch das Führen von Gesprächen und Erstellen eines Standbildes • Erfahrungen, Gefühle und Gedanken äußern und begründen • Förderung der Rechtschreibkenntnisse
16.02.12 17.02.12 23.02.12 01.03.12 08.03.12	*Max von der Grün: Vorstadtkrokodile – Gemeinsam sind wir stark (3-9)*	• Darstellen von Informationen durch verschiedene Methoden • kreatives Schreiben • Teamarbeit sowie Wortschatzerweiterung durch das Führen von Gesprächen und Erstellen eines Standbildes • Erfahrungen, Gefühle und Gedanken äußern und begründen • Förderung der Rechtschreibkenntnisse
13.03.12	*Max von der Grün: Vorstadtkrokodile – Gemeinsam sind wir stark (10)*	• Vorstellen der Lese-Fernrohre • Gesamtreflexion des Stationenlernens
15.03.12	*Max von der Grün: Vorstadtkrokodile – Gemeinsam sind wir stark (11)*	• Systematisierung der Lerninhalte
16.03.12	*Max von der Grün: Vorstadtkrokodile – Gemeinsam sind wir stark (12)*	• Lernerfolgskontrolle

3.2) Einbettung der geplanten Unterrichtssituation

Ziele der vorangegangenen Stunde

Lernziel im Bereich der Sachkompetenz
Die Schüler sind in der Lage, ihr vorhandenes Wissen zum Verlauf des Stationenlernens in den folgenden Stunden mithilfe des Ablaufplanes sowie der Unterstützung der Lehrerin mit eigenen Worten wiederzugeben.

Lernziel im Bereich der Methodenkompetenz
Die Schüler sind imstande, die Arbeitstechnik des verstehenden Lesens anzuwenden, indem sie Informationen zum Verlauf und Inhalt des Stationenlernens in angeleiteter Partnerarbeit gründlich lesen und sich im Anschluss daran gegenseitig mündlich erklären.

Lernziel im Bereich der Sozialkompetenz
Die Schüler sind in der Lage, die ihnen bekannten Verhaltensregeln während des Lehrervortrages zu akzeptieren und diese weitestgehend ohne verbale Impulse der Lehrerin einzuhalten.

Lernziel im Bereich der Selbstkompetenz
Die Schüler übernehmen zunehmend Verantwortung für ihren eigenen Lernprozess, indem sie bei formalen und inhaltlichen Unklarheiten bezüglich der Methode des Stationenlernens der Lehrerin selbstständig konkrete und themenbezogene Fragen stellen.

Ziele der geplanten Stunde

siehe Kapitel 1) S. 1 f.

Ziele der nächsten Stunden

siehe Kapitel 1) S. 1 f.

3.3) Sach-Struktur-Diagramm [11]

Kenntnisse aus vergangenen Schuljahren

Kl. 5/6: Lernbereich Leseverstehen
- Informationen entnehmen, ordnen und verarbeiten

Lernbereich Texte produzieren
- Schreibprozesse unter Anleitung planen & Texte formulieren (Struktur, Inhalt, Sprache, Form)
- sprachliches Wissen aktivieren und weiterentwickeln

Beziehungen zu weiteren Inhalten des Faches im laufenden Jahr

Lernbereich Texte produzieren (Sprechen)
- zu einem Thema begründend Stellung nehmen

Lernbereich Texte produzieren (Schreiben)
- Personen- und Wegbeschreibung
- Sachtexte analysieren

Max von der Grün: Vorstadt- krokodile – Gemeinsam sind wir stark

Aufnahme der Lerngegenstände in nachfolgenden Schuljahren

Kl. 7/8: Lernbereich Texte produzieren
- Texte aus unterschiedlichen Persepktiven erzählen

Lernbereich Über Sprache, Sprachverwendung und Sprachenlernen reflektieren
- überschaubare zusammengesetzte Sätze erfassen und bilden

Kl. 9: Lernbereiche Leseverstehen und Texte produzieren
- Texte untersuchen und interpretieren

Verbindungen zu Inhalten anderer Fächer

Geographie: Europa im Überblick
- räumliche Orientierung in Europa
- Stadterkundung nach geographischen Schwerpunkten

Englisch: Lernbereich schreiben
- Texte und Textpassagen nacherzählen und ins Englische übersetzen

Ethik: Ich und die Welt
- andere Sitten und Kulturen kennenlernen
- die Bedeutung des gleichberechtigten Miteinanderlebens erfahren

[11] Es ist hierbei zu erwähnen, dass genannte, inhaltliche Schwerpunkte exemplarisch gelten. Vgl. Thüringer Ministerium für Bildung Wissenschaft und Kultur (Hrsg.): Lehrplan für den Erwerb des Haupt- und Realschulabschlusses Deutsch. Erfurt 2011. S. 18 ff, Vgl. Thüringer Ministerium für Bildung Wissenschaft und Kultur (Hrsg.): Lehrplan für den Erwerb des Haupt- und Realschulabschlusses Englisch. Erfurt 2011. S. 23, Vgl. Thüringer Ministerium für Bildung Wissenschaft und Kultur (Hrsg.); Lehrplan für den Erwerb des Haupt- und Realschulabschlusses Ethik. Entwurfsfassung. Erfurt 2011. S. 14 ff, Vgl. Thüringer Kultusministerium (Hrsg.): Lehrplan für die Regelschule und die Förderschule mit dem Bildungsgang der Regelschule Geographie. Erfurt 1999. S. 22.

3.4) Sachanalyse

Vorstadtkrokodile von Max von der Grün ist ein Werk der Jugendliteratur, welches sich für die Behandlung in den Klassenstufen 5 und 6 eignet. Die Idee für die Geschichte liegt in seinem eigenen Leben begründet. Infolge einer jahrelangen Kriegsgefangenschaft in den Händen der Amerikaner kehrte Max von der Grün 1948 nach Deutschland zurück. Er lebte mit seinem querschnittsgelähmten Sohn Frank in sehr einfachen Verhältnissen und arbeitete als Bauerarbeiter, Bergarbeiter und später als Grubenlokführer. 1955 begann er, eigene Texte zu schreiben und zog 1963 als freischaffender Schriftsteller nach Dortmund. *Vorstadtkrokodile* erschien im Jahre 1976. Max von der Grün verstand es, die Themen Freundschaft, Behinderung, unterschiedliche Familienverhältnisse und Ausländerfeindlichkeit geschickt miteinander zu verknüpfen, sodass das Buch sogar nach über 35 Jahren in der Gesellschaft seine Berechtigung findet. Er gibt einen Anreiz, sich intensiv mit diesen Schwerpunkten zu beschäftigen und diese kritisch zu hinterfragen[12]. Auf dieser Grundlage besteht die Möglichkeit, fachspezifische Arbeitstechniken des Deutschunterrichtes einzuführen und dahingehend bestehende Kenntnisse zu fordern und zu fördern, indem der Umgang mit der Ganzschrift auf der Ebene des Leseverstehens, der Textproduktion sowie des Verwendens von und Reflektierens über Sprache erfolgt. Diese drei Bereiche bedingen einander und greifen ineinander über. Das Leseverstehen bildet dabei die Basis einer jeden intensiven Auseinandersetzung mit dem Text. Durch sinnerfassendes, stilles sowie lautes, ausdrucksvolles und fließendes Rezipieren von Texten können beispielsweise der Inhalt des Buches oder die Verhaltensweisen der Personen erschlossen werden[13]. Um das Verstehen von Texten prüfen zu können, bietet sich das Ausfüllen eines Lückentextes oder das Umsetzen von Zuordnungsspielen an. Indem leere Stellen in einem Text mit richtigen Wörtern und Wortgruppen ergänzt oder Bilder mit passenden Aussagen verbunden werden müssen, wird das Reflektieren des Buchinhaltes sowie das wiederholende Lesen angeregt[14]. Des Weiteren dient das Verfassen von Steckbriefen dazu, wichtige Informationen bestimmten Kriterien zuzuordnen und stichpunktartig in einer übersichtlichen Form darzustellen[15]. Durch die Anwendung der Technik des selektiven Lesens können wesentliche Informationen in Form von

---

[12] Vgl. Quast, Moritz: Die Vorstadtkrokodile. Literaturseiten. Kerpen 2005. S. 5.
[13] Vgl. Thüringer Ministerium für Bildung Wissenschaft und Kultur (Hrsg.): Lehrplan Deutsch. S. 19 ff.
[14] Vgl. Brenner, Gerd (Hrsg.): Fundgrube Deutsch. Berlin 2006. S. 30, Vgl. Brenner, Gerd; Brenner, Kira: Fundgrube Methoden I. Für alle Fächer. Berlin 2010. S. 276.
[15] Vgl. Biermann, Heinrich; Schurf, Bernd (Hrsg.): Deutschbuch. Grundausgabe 5. Berlin 1999. S. 10.

Illustrationen visualisiert werden. Exemplarisch hierfür gelten das Malen von Bildern, Erstellen und Vervollständigen von Übersichten, Gestalten von Rätseln und Konstruieren von Standbildern[16]. Unter einem Standbild versteht man ein Bild, in dem Personen eine Situation nachstellen. Sie können Gegenstände darstellen oder Figuren aus dem Buch zeigen, die eine ganz bestimmte Mimik und Gestik aufweisen. Es ist bedeutend, dass die Haltung und der Gesichtsausdruck für eine Weile nicht verändert werden. Letztlich wird das Standbild fotografiert[17].

Auf der Ebene der Textproduktion kann man sich sowohl verbal als auch schriftlich mit dem Buchinhalt befassen. Im Bereich der mündlichen Auseinandersetzung mit der Ganzschrift spielt das Führen von Gesprächen zu einem spezifischen Thema eine konstitutive Rolle. Hierbei geht es darum, Stellung zu beziehen und diese nachvollziehbar zu begründen. Ein gutes Gespräch kennzeichnet sich darin, dass sich alle Teilnehmer daran beteiligen und auf die Aussagen der Vorredner eingehen, indem sie diesen zustimmen oder konträre Ansichten dazu formulieren[18]. Diese Methode bedarf der Festlegung konkreter Gesprächsregeln, wie zum Beispiel:

- Hört euch aktiv zu.
- Lasst einander ausreden.
- Nehmt Rücksicht aufeinander.
- Akzeptiert die Meinungen anderer.

Im Bereich der schriftlichen Textproduktion bietet sich bei der Behandlung von Ganzschriften das kreative Schreiben an. Im Konkreten kann sich das im Verfassen von Tagebucheinträgen oder privaten Briefen äußern. Bei der Nutzung dieser Methoden kann man den Perspektivwechsel einbeziehen. Schüler versuchen demzufolge, sich in eine Person aus dem Werk hineinzuversetzen und aus deren Sicht zu schreiben[19]. In einem Tagebucheintrag erzählt man in Ich-Form von einem erlebten Ereignis. In diesem Zusammenhang ist es bedeutend, die eigene Meinung sowie Gefühle und Gedanken dazu schriftlich zu äußern. Zudem sollten auf Hoffnungen und Wünsche für die Zukunft bezüglich dieses Erlebnisses eingegangen werden. Formal und sprachlich betrachtet, bestehen bei dem Schreiben eines Tagebucheintrages folgende Vorgaben:

- Datum in die rechte obere Ecke des Papiers
- Anrede: Liebes Tagebuch etc.

---

[16] Vgl. Ebd. S. 30 ff, Vgl. Busch, Ulrike; Frentz, Hartmut (u.a.): Unsere Muttersprache 6. Berlin 2002. S. 19.
[17] Vgl. Busch; Frentz. S. 19.
[18] Vgl. Ebd. S. 6 ff.
[19] Vgl. Brenner. S. 35, Vgl. Busch. S. 39.

- Gestaltung: Zeichnungen, Symbole, farbige Schriftzüge,...
- Ich-Form
- Schreiben, wie man spricht → ABER: Angemessene Umgangssprache
- wörtliche Rede ist möglich
- viele Adjektive verwenden[20].

Private Briefe ähneln hinsichtlich der Form und Sprache dem Tagebucheintrag. Sie unterscheiden sich lediglich darin, dass der Adressat des Briefes eine Person ist[21]. Inhaltlich richten sie sich nach der spezifischen Form des privaten Briefes, wie zum Beispiel dem Liebes- und Erlebnisbrief, der Danksagung und Einladung oder dem Kondolenzschreiben und dem Urlaubsgruß[22]. Eine weitere Form des kreativen Schreibens ist das Fortsetzen und Verändern von Texten. Demgemäß kann man beispielsweise Handlungsstränge umgestalten, das Ende eines Buches abwandeln, eine Erzählung erweitern oder die Geschichte in eine andere Textsorte umformulieren[23].

Auf der Ebene der Sprachverwendung und -reflexion können Rechtschreibkenntnisse weiterentwickelt werden, indem man zum Beispiel Fehlertexte überarbeitet. Darüber hinaus dienen Ganzschriften dazu, sich handlungs- und produktorientiert mit einem fächerübergreifenden Thema zu beschäftigen. So besteht beim Buch *Vorstadtkrokodile* unter anderem die Möglichkeit, sich genauer über Fahrräder, die Stadt Dortmund, Menschen mit Migrationshintergrund in Deutschland oder Arten von Behinderungen zu informieren und diese in einer anschaulichen Form darzustellen. Diesbezüglich können zum Beispiel die Methoden der Wandzeitung, Mind-Map oder des szenischen Spiels verwendet werden.

3.5) Didaktische Reduktion

Das Lesen von Ganzschriften ermöglicht eine vielseitige Auseinandersetzung mit themen- und literaturbezogenen Schwerpunkten sowie fachspezifischen und -übergreifenden Aspekten. Aufgrund dessen ist eine Eingrenzung der zu behandelnden Themen erforderlich. Unter der Überschrift *Max von der Grün: Vorstadtkrokodile – Gemeinsam sind wir stark* stehen daher die Schwerpunkte *Freundschaft, Behinderung* und

---

[20] Vgl. http://www.zeitzuleben.de/2211-ich-schreib-ganz-fur-mich-tipps-zum-fuhren-eines-tagebuchs/ (09. Februar 2012).
[21] Vgl. Busch; Frentz. S. 24 f.
[22] Vgl. Ebd. S. 24 f, Vgl. http://www.deutschepost.de/images/flashapps/113_brief/briefassistent/pdfdl/Erfolgr eich_Briefe_schreiben.pdf. S. 44 ff (09. Februar 2012).
[23] Vgl. Brenner. S. 36 f, Vgl. Busch; Frentz. S. 42 f.

Ausländerfeindlichkeit im Zentrum des Stationenlernens. Dabei wird der Bezug zum Thema der Stunde nicht nur inhaltlich mit dem Buch verknüpft, sondern wird durch die Realisierung des gemeinsamen Lernens und gegenseitigen Rücksichtnahme aufrechterhalten (Lernziele 23-25 und 27).

Im Allgemeinen rufen die Schüler ihre bereits erlangten Kenntnisse zum Inhalt und Autor des Buches *Vorstadtkrokodile* ab, welches sie durch gründliches Lesen der Geschichte erlangt haben. Sie bearbeiten mithilfe dieser mindestens eine Station und halten die Informationen dazu schriftlich in ihrem Lese-Fernrohr fest (Lernziele 1 und 2). Unter Berücksichtigung der curricularen Vorgaben für die Klassenstufe 6 schulen die Heranwachsenden während des Stationenlernens einerseits das Leseverständnis, indem sie Informationen zum Inhalt und Autor des Buches in Form eines Steckbriefes, Lückentextes, Standbildes, Memorys, einer Bild- und Rätselgestaltung oder Übersicht wiederholen und festigen (Lernziele 1-3, 9, 11, 13 und 17-20). Dabei fördern sie zudem ihre Fertigkeit des Begründens und Erklärens von Aussagen (Lernziele 10 und 12). Des Weiteren entwickeln sie ihre Kreativität weiter, indem sie einen Tagebucheintrag oder persönlichen Brief verfassen sowie das Ende der Geschichte *Vorstadtkrokodile* umschreiben (Lernziele 6-8 und 14-16). Auch fächerübergreifende Aspekte lassen sich in diesen Bereich einordnen. So haben die Schüler die Möglichkeit, Informationen über die Stadt Dortmund einzuholen und in individueller Art und Weise anschaulich darzustellen (Lernziel 22). Auf sprachlicher Ebene können die Heranwachsenden zum Anderen ihre Rechtschreibkenntnisse prüfen und einen Fehlertext überarbeiten sowie berichtigen. Hierbei trainieren sie desgleichen den Umgang mit dem Wörterbuch (Lernziel 21). Außerdem übernehmen sie zunehmend Verantwortung für ihren eigenen Lernprozess, indem sie ihre Aufzeichnungen mithilfe der vorgefertigten Lösungsvorlagen vollständig vergleichen, berichtigen und ergänzen (Lernziel 26). Letztlich fördern die Schüler ihr Selbstbewusstsein, die ihre Arbeitsergebnisse der vorliegenden Stunde ihren Mitschülern vorstellen (Lernziel 28).

3.6) Didaktische Überlegungen und methodische Entscheidungen

Wie bereits aus der Darstellung der Sachanalyse hervorgegangen ist, birgt das Lesen eines Ganzstoffes ein weitreichendes Angebot hinsichtlich der inhaltlichen Auseinandersetzung mit dem Text. Um sich auf differenzierte Weise damit beschäftigen zu können, ist es wesentlich, den Inhalt des Buches zu kennen. Deshalb fanden in den letzten drei Wochen vor dem Halbjahr Lesewochen im Fach Deutsch statt. Dazu erhielten sie einen Aufgabenkatalog, der als Anregungen gelten sollte, sich wesentliche Informationen zum

Inhalt des Buches zu notieren[24]. Durch die Methode der Lesezeit in der Schule wurde sichergestellt, dass alle Schüler das Buch rezipieren und bei Bedarf Fragen zum Text stellen konnten.

Zur Gewährleistung einer effektiven Arbeits- und Lernzeit in der geplanten Unterrichtssituation erfolgt die Einführung des Stationenlernens in der vorhergehenden Deutschstunde. Des Weiteren verschaffen sie sich bereits vor der Stunde einen Überblick über die Lernangebote und setzen sich an die Station, mit der sie beginnen möchten. Somit vermeide ich eine körperliche Unruhe zum Beginn der Erarbeitungsphase.

An der Schule gibt es kein allgemeines Signal zum Stundeneinstieg und -abschluss. Daher wird der Unterrichtsbeginn mit einem verbalen Hinweis meinerseits oder einem individuellen Glockenklang angekündigt. Um einen angemessenen Einstieg in die Stunde zu ermöglichen, begrüßen sich die Schüler und die Lehrerin zunächst gegenseitig. Die Lernenden sitzen hierbei aufrecht und ruhig auf ihren Plätzen. Da die Klasse in der Regel sehr diszipliniert ist und mir respektvoll gegenübertritt, rechne ich hierbei nicht mit Störungen.

Zunächst erkläre ich in Form des Lehrervortrags den Verlauf sowie die Zielstellung der Stunde[25]. Dabei berücksichtige ich den Ablaufplan sowie die Regeln zum Bearbeiten der Stationen, die an der Tafel fixiert sind. Um die Lernenden im Folgenden für das Arbeiten an den Stationen zu motivieren, lese ich einen Brief vor[26]. Diese Form des Einstiegs soll die Lerngruppe ermutigen, sich auf das Lernen an Stationen einzulassen und sich intensiv mit den Themen zu beschäftigen. Das Durchführen der Methode erfordert das aktive Zuhören der Schüler. Da die Klasse 6b sehr diszipliniert und lernwillig ist, gehe ich nicht davon aus, dass hierbei Störungen auftreten. Infolgedessen eröffne ich das Lernen an Stationen und schalte den Soundtrack der gleichnamigen Filmreihe *Vorstadtkrokodile* an. Die Musik soll den Bezug zur Ganzschrift aufrechterhalten und zu einem angenehmen Lernklima beitragen.

Für die Durchführung der offenen Unterrichtsmethode habe ich mich aus verschiedenen Gründen entschieden. Sie ermöglicht ein schülerorientiertes und individuelles Lernen, da viele Aspekte des Arbeitsprozesses in Form des Lerntempos, der Lernintensität bezüglich der individuellen Anforderungsniveaus sowie der Wahl von Sozialformen seitens der Lernenden selbst bestimmt werden können. Dies trägt zu einem hohen Maß an

---

[24] Siehe Kapitel 5.5) S. 45.
[25] Siehe Kapitel 5.2) S. 21.
[26] Siehe Kapitel 5.4) S. 44.

Selbstverantwortung seitens der Schüler bei und überlässt mir den Freiraum, während des Unterrichtsgeschehens als Lernberaterin und -begleiterin zu fungieren. darüber hinaus wird durch die Verteilung der Materialien im Raum eine individuelle Lernumgebung geschaffen, in der sich die Heranwachsenden selbstständig bewegen können[27].

Die Stationen sind in Form des Doppelzirkels angeordnet[28]. Die sechs Pflichtetappen befinden sich im Innenkreis, während die sechs Erholungsstationen um diesen herum aufgebaut sind. Alle Aufträge sowie notwendigen Materialien liegen in mehrfacher Ausführung an den Stationen bereit[29]. Vier Pflichtaufgaben werden nach dem Ampelsystem differenziert aufbereitet. Diese Notwendigkeit liegt bei den anderen beiden Pflichtaufträgen aufgrund des Aufgabeninhaltes nicht vor. Das Angebot der Erholungsaufgaben beachtet die unterschiedliche Leistungsfähigkeit des Einzelnen. Damit die Heranwachsenden nachvollziehen können, mit welchem Schwierigkeitsgrad sie sich beschäftigen, sind alle Aufträge mit einem grünen (niedriger Anforderungsbereich), gelben (mittlerer Anforderungsbereich) oder roten Punkt (hoher Anforderungsbereich) gekennzeichnet. In diesem Zusammenhang schulen sie ihre Fertigkeit, die eigene Leistungsfähigkeit richtig einzuschätzen und daran ausgerichtet, die entsprechenden Aufgaben zu wählen. Darüber hinaus finden sich auf jedem Auftrag verschiedene Illustrationen, die zur Übersichtlichkeit des Materials beitragen. Zudem erzielen sie die Motivation der Schüler, sich mit den Aufträgen auseinanderzusetzen, indem sie anschaulich und ästhetisch wirken. Damit die Schüler den Überblick über die Vielfalt der Stationen behalten und wissen, welche Aufgaben sich im Pflicht- oder Wahlbereich befinden, erhalten sie einen Routenplan, der sie darüber aufklärt.[30]. Darauf können sie erkennen, dass sie neben den Pflichtaufgaben mindestens drei Wahlaufgaben vollständig bearbeiten sollen. Zusätzlich sind auf diesem Plan fünf Fragejoker abgedruckt. Jeder Heranwachsende hat demzufolge die Möglichkeit, während des gesamten Stationenlernens fünf Fragen zum Thema zu stellen. Sie sollen dadurch angehalten werden, ihre Fragen genau zu durchdenken, versuchen diese selbst zu lösen oder andere Mitschüler dazu zu befragen und erst dann zur Lehrerin zu gehen, wenn sie tatsächlich nicht wissen, was sie tun sollen. Für jede Frage streicht die Lehrerin einen Joker. Damit ich als Lehrerin jederzeit den Fortschritt des individuellen Lernprozesses der Schüler überblicken kann,

---

[27] Vgl. Brenner; Brenner. S. 35, Siehe Kapitel 5.1) S. 20.
[28] http://www.fachdidaktik-einecke.de/7_Unterrichtsmethoden/lernzirkel_stationenlernen_neu.htm (09. Februar 2012).
[29] Siehe Kapitel 5.3.2), 5.3.3) und 5.3.4) S. 23 ff.
[30] Siehe Kapitel 5.3.1) S. 22.

hängt an der Tafel eine Klassenliste. Nach Fertigstellung einer Station kreuzt jeder Schüler diese in der Liste ab[31]. Der Umgang mit den Arbeitsplänen ist den Lernenden aufgrund der regelmäßigen Durchführung offener Unterrichtsformen bekannt. In diesem Hinblick fordern und fördern sie ihre Selbstkompetenz, indem sie diesen eigenständig führen und ausfüllen. Dennoch weise ich bei Bedarf auf das Ausfüllen der Klassenliste hin, da einige dieses zeitweise versäumen.

Für einen Großteil der Stationen werden Lösungsvorlagen erstellt. Diese liegen auf einem separaten Tisch bereit. Hat ein Schüler eine Station vollständig bearbeitet, holt er sich nach dem Vorzeigen seiner Aufzeichnungen bei der Lehrerin selbstständig die Lösung, um ihre Aufzeichnungen zu kontrollieren, zu berichtigen und zu ergänzen. Auf diese Maßnahme muss zurückgegriffen werden, da die Erfahrung gezeigt hat, dass noch nicht alle Schüler über eine gut entwickelte Verantwortung für den eigenen Lernprozess verfügen. So bearbeiteten sie bei der Umsetzung anderer offener Unterrichtsmethoden teilweise die Aufgaben mithilfe der Lösungsvorlagen, die bereits bei den entsprechenden Aufträgen lagen.

Die Lernenden sind es gewohnt, Lernangebote in selbstgewählter Einzel- oder Partnerarbeit zu erledigen. Die Inhalte zu einem Thema sammeln sie in ihrem Lesefernrohr, welches sie selbst gestaltet haben. Dazu kleben sie nach Fertigstellung jeder Station die Aufzeichnungen aneinander, sodass am Ende des Stationenlernens eine Rolle aus allen Arbeitsergebnissen entsteht, auf die sie zurückblicken können.

Während der Erarbeitungsphase agiere ich im Hintergrund und stehe den Schülern, vor allem aber K., als Lernberaterin zur Seite. Daneben informiere ich die Klasse in Abständen über die noch verbleibende Arbeitszeit, sodass sie ihren Lernprozess daran orientierend besser organisieren können. Da die Heranwachsenden mit offenen Unterrichtsformen vertraut sind, rechne ich währenddessen nicht mit Störungen. Ungeachtet dessen können der individuelle Sitzplatzwechsel sowie die Kommunikation zwischen den Partnern zu einem erhöhten Lautstärkepegel und körperlicher Unruhe im Klassenzimmer führen. Durch verbale Hinweise meinerseits werden sie zum konzentrierten und verantwortungsvollen Arbeiten ermutigt, sollte es zu unruhig werden.

In der Phase der Reflexion bekommen die Schüler die Möglichkeit, ihre Arbeitsergebnisse der Stunde ihren Klassenkameraden vorzustellen. Da niemand gezwungen werden soll, seine Ergebnisse zu präsentieren, basiert dies auf Freiwilligkeit. Da zahlreiche

---

[31] Siehe Kapitel 5.3.5) S. 43.

Heranwachsende sehr engagiert sind, eigene Lernresultate darzubieten, kann der Fall eintreten, dass die dafür eingeplante Zeit nicht ausreicht, um alle zu berücksichtigen. Sollte dies passieren, dürfen diese Schüler ihre Ergebnisse zu Beginn der nächsten Deutschstunde vortragen. Des Weiteren liegt der Anspruch dieser Phase im aktiven Zuhören sowie dem Anerkennen individueller Arbeitsergebnisse. Sollten einzelne Schüler, wie zum Beispiel S., diese Phase in Form unangemessener verbaler Kommentare stören, werden sie von mir auf die Verhaltensregeln während Präsentationen hingewiesen. Abschließend bitte ich die Klasse, ihre Lernfernrohre in den Schrank zurückzulegen und verabschiede sie in die Pause.

4) Geplanter Unterrichtsentwurf

Zeit (min)	Stundenphase	Medien/ Material	Lehrertätigkeit und Schülertätigkeit	Methode	SF	LZ
1	**Einstieg**		L: - weist verbal oder mit Glockenzeichen auf Unterrichtsbeginn hin und begrüßt die S S: - begrüßen die L			
5	**Motivierung und Zielorientierung**	Tafel, Brief	L: - verdeutlicht Verlauf und Ziel der Stunde - erklärt die Aufgabe: *Hört aufmerksam zu.* - liest den Brief laut und deutlich vor S: - hören aufmerksam zu	LV Brief		LZ 27
30	**Erarbeitungsphase**	CD-Player, USB-Stick, Material des Stationen-lernens	L: - stellt Musik an - agiert als Lernberaterin und -begleiterin - sorgt bei Bedarf für angenehme Arbeitsatmosphäre S: - bearbeiten die Stationen in EA oder PA - kontrollieren ihre Aufzeichnungen selbstständig L: - schaltet Musik als Signal zum Ende des Stationenlernens aus	Stationen-lernen	EA PA	LZ 1 bis LZ 26
9	**Ergebnissicherung und Reflexion**	Tafel	L: - erklärt den Auftrag: *Stelle deine Arbeitsergebnisse laut und deutlich vor.* S: - S lesen freiwillig Aufzeichnungen vor, zeigen gemalte Bilder oder erklären, was sie an einer Station gemacht haben. L: - bittet die S ihre Lese-Fernrohre in den Schrank zu legen - verabschiedet die S in die Pause	Präsen-tation		LZ 27 LZ 28

Legende

EA	= Einzelarbeit	LV	= Lehrervortrag	PA	= Partnerarbeit
L	= Lehrerin	LZ	= Lernziel	S	= Schüler

SF = Sozialform

5) Anhang (Auszüge)

5.1) Aufbauplan des Stationenlernen

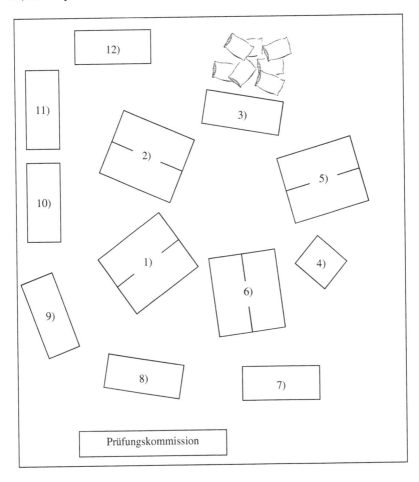

5.2) Geplantes Tafelbild

Max von der Grün: 16.02.12

Vorstadtkrokodile – Gemeinsam sind wir stark

Ablauf

☐ *Brief an die Klasse 6b*

☐ *durch die Stationen kurven*

☐ *Arbeitsergebnisse vorstellen*

Klassenliste

Spicker

- *6 Pflichtetappen und mindestens 3 Erholungsstationen lösen (Reihenfolge selbst wählbar)*

- *Einzel- oder Partnerarbeit → Flüsterabstand*

- *Routenplan und Klassenliste ausfüllen*

Was könnt ihr Ola erzählen?

Stelle deine Arbeitsergebnisse laut und deutlich vor.

5.3) Material des Stationenlernens

5.3.1) Routenplan[32]

Mein Routenplan

Cruisen von 16.02.12 bis 08.03.12

Erholungsstation 1

Pflichtetappe
1) Lernt den Autor kennen

Pflichtetappe
2) Wahre Freunde kann niemand trennen

Pflichtetappe
3) Wir sprechen miteinander

Erholungsstation 2

Pflichtetappe
4) Wir frieren ein

Pflichtetappe
6) Ihr werdet Schriftsteller

Pflichtetappe
5) Jeder hat seine Stärken und Schwächen

Erholungsstation 3

Fragejoker

---

[32] Der Routenplan liegt den Schülern in A5-Format vor.

5.4) Brief an die Klasse 6b

Hallo Leute,

ich dachte, ich melde mich mal wieder. Ist ja schon eine ganze Weile her, dass wir uns das letzte Mal geschrieben haben.

Ich muss euch unbedingt etwas erzählen. Also, erst einmal habe ich mich gut in meiner neuen Schule eingelebt. Die Klasse ist okay, aber natürlich nicht so cool wie ihr. Aber, was echt genial ist: Auf unserem Schulhof steht eine Halfpipe, auf der wir in den großen Pausen immer mit unseren Skateboards und Inlineskates fahren dürfen. Ein paar Jungs und zwei Mädels können echt krasse Kunststücke machen. Da ist sogar einer dabei, dem ein Arm fehlt und trotzdem ist der klasse. Ich habe mich letztens mit ihm unterhalten, Tom heißt er. Er sagte mir, dass sie eine Clique sind und wer aufgenommen werden will, muss eine Mutprobe ablegen. So ein Käse, oder? Naja, da ich die Leute echt sympathisch finde und sie auch in meiner Siedlung wohnen, dachte ich mir, dass die Aufnahmeprüfung nicht so schwer werden kann. Ich musste ihnen zeigen, was ich mit dem BMX alles kann. Gesagt, getan, ich also rauf auf mein Rad. Dann bin ich etwas auf der Halfpipe herumgecruist, hab hier `ne Drehung und da `nen Sprung gemacht und jetzt kommts: Ich habe es gewagt, den Double Backflip zu machen. Es war der Hammer. Zwei Saltos rückwärts mit dem Rad hatte ich echt noch nie geschafft. Die Clique hat Augen gemacht, sag` ich euch und hat gar nicht lange gefackelt. Naja, nun bin ich einer von ihnen. Blöd nur, dass bei dem Sprung meine Radachse gebrochen ist. Jedoch haben mir die Jungs schon geholfen, das Bike zu reparieren. Sie sind echte Kumpels.

Ich hoffe, euch gehts gut. Schreibt mir doch einfach mal wieder und erzählt mir, was ihr so erlebt.

Eure Ola

5.5) Aufgabenkatalog zum Buch *Vorstadtkrokodile*

Vorstadtkrokodile

Lies das Buch und bearbeite folgende Aufgaben.

1) Nenne den Autor des Buches „Vorstadtkrokodile".

2) Notiere die Namen der Bandenmitglieder.

3) Die Mutprobe:
   Wer muss sie absolvieren?
   Was muss er tun?
   Was passiert und wie geht es aus?

4) Nenne den Namen des Jungen, der im Rollstuhl sitzt.
   Erkläre den Grund für seine Behinderung.

5) Übernimm mindestens 2 treffende Textstellen aus dem Buch, die
   verdeutlichen, dass sich Kurt und Hannes langsam miteinander
   anfreunden.

6) Kurt will in die Bande aufgenommen werden.
   Notiere Gründe, die für und gegen seine Aufnahme sprechen.

7) Im Wohngebiet werden zahlreiche Einbrüche begangen.
   Wer wird zunächst verdächtigt?

8) Die Hütte der Bande brennt ab. Nun benötigen sie einen neuen
   Versammlungsort.
   Nenne und beschreibe das neue Domizil der Bande stichpunktartig.

9) Kurt wird in die Bande aufgenommen.
   Erkläre, warum die Krokodiler sich nun doch für die Aufnahme des
   Jungen entscheiden.

10) Die Krokodiler machen auf dem Ziegeleigelände eine interessante
    Entdeckung. Nenne sie.

11) Kurt will mehr über die Einbrecher erfahren. Was tut er?
    Notiere seine Vermutungen zu den Einbrechern.

12) Der neue Versammlungsort ist in Gefahr. Begründe diese Aussage.

13) Die Krokodiler schleichen sich beim Waldfest davon.
    Welche Beobachtungen machen sie am Ziegeleigelände?

14) Kurt will Frank nichts von seinem Verdacht zu den Einbrechern
    erzählen. Begründe diese Aussage.

15) Die Krokodiler wissen, wer die Einbrecher sind. Erkläre, was sie
    tun. Wie geht es aus?

Bibliographie

Lehrwerke, Monographien und Sammelwerke

Biermann, Heinrich; Schurf, Bernd (Hrsg.): Deutschbuch. Grundausgabe 5. Berlin 1999.

Brenner, Gerd (Hrsg.): Fundgrube Deutsch. Berlin 2006.

Brenner, Gerd; Brenner, Kira: Fundgrube Methoden I. Für alle Fächer. Berlin 2010.

Busch, Ulrike; Frentz, Hartmut (u.a.): Unsere Muttersprache 6. Berlin 2002.

Gartz, Detlef: Sozialpsychologische Entwicklungstheorien. Von Mead, Piaget, Kohlberg bis zur Gegenwart, Wiesbaden 2006.

Mietzel, Gerd: Wege in die Psychologie. 12. Auflage, Stuttgart 2005.

Quast, Moritz: Die Vorstadtkrokodile. Literaturseiten. Kerpen 2005.

Thüringer Ministerium für Bildung Wissenschaft und Kultur (Hrsg.): Lehrplan für den Erwerb des Haupt- und Realschulabschlusses Deutsch. Erfurt 2011.

Thüringer Ministerium für Bildung Wissenschaft und Kultur (Hrsg.): Lehrplan für den Erwerb des Haupt- und Realschulabschlusses Englisch. Erfurt 2011.

Thüringer Ministerium für Bildung Wissenschaft und Kultur (Hrsg.): Lehrplan für den Erwerb des Haupt- und Realschulabschlusses Ethik. Entwurfsfassung. Erfurt 2011.

Thüringer Kultusministerium (Hrsg.): Lehrplan für die Regelschule und die Förderschule mit dem Bildungsgang der Regelschule Geographie. Erfurt 1999.

von der Grün, Max: Vorstadtkrokodile. München 2006.

Zimbardo, Philip G.: Psychologie. 4. neubearbeitete Auflage, Berlin/ Heidelberg 1983.

Bild- und Internetquellen (09. und 10. Februar 2012)

[1] http://www.lwl.org/335-2-download/data/content/00000085/_thumb10000000283.jpg
[2] http://www.finduthek.de/content/images/855963f3d8852cc98e6cfc8202c88f82.jpg
[3] http://www.charlottenburg-liest.de/images/autoren/von_der_gruen.jpg
[4] http://www.dce-druck.de/navigation/fueller.gif
[5] http://www.toonpool.com/user/11015/files/papier_mit_fueller_962165.jpg
[6] http://media.4teachers.de/images/thumbs/image_thumb.1721.jpg
[7] http://www.schule-bw.de/unterricht/faecher/deutsch/projekte/itg5_6/standards5_6/picture018.jpg
[8] http://www.malvorlagen.cc/images/malvorlage/Rollstuhl-9500.jpeg
[9] http://barrierefreiwohnen.files.wordpress.com/2011/04/schild_rollstuhl.jpg
[10] http://www.pe-hein.de/icon/rollstuhl.gif
[11] http://www.fvdg.graphologie-online.com/assets/images/feder_und_tintenfass_03.jpg

[12] http://evas-workshop.de/images/tintenfass_feder.jpg

[13] http://www.hans-brakhage.de/Alayna-Belgarath/assets/images/autogen/a_tintenfass_feder.gif

[14] http://www.wattenblick-baltrum.de/images/haus02.jpg

[15] http://cdn6.fotosearch.com/bthumb/CSP/CSP624/k6241222.jpg

[16] http://cdn6.fotosearch.com/bthumb/CSP/CSP624/k6241222.jpg

[17] http://www.filmstiftung.de/fist/bilder/settermine/vorstadtkrokodile2/gruppe_464.jpg

[18] http://www.kidsweb.de/raetsel_spezial/raetsel_spezial_240.gif

[19] http://www.firmaxx.de/maps/15779.png

[20] http://www.radiobremen.de/bremeneins/serien/gibts_eigentlich_noch/tagebuchschreiben 100_v-slideshow.jpg

[21] http://www.zeitzuleben.de/2211-ich-schreib-ganz-fur-mich-tipps-zum-fuhren-eines-tagebuchs/

[22] http://www.deutschepost.de/images/flashapps/113_brief/briefassistent/pdfdl/Erfolgreich _Briefeschreiben.pdf

[23] http://www.fachdidaktik-einecke.de/7_Unterrichtsmethoden/lernzirkel_stationenlernen_neu.htm

[24] http://comps.fotosearch.com/comp/CSP/CSP346/radfahrer_~k3468478.jpg

[25] http://cdn7.fotosearch.com/bthumb/CSP/CSP425/k4254225.jpg

[26] http://us.123rf.com/400wm/400/400/grynold/grynold0909/grynold090900005/5461130-vektor-zeichen-gruppe-radfahrer-teen-silhouette-auf-wei-em-hintergrund.jpg

[27] http://www.juergen-seidel.de/bilddatenbank/images/product_images/thumbnail_images/4189_01.JPG

[28] http://static.freepik.com/fotos-kostenlos/schreiben-mit-einer-feder-und-tinte-clip-art_436334.jpg

[29] http://cdn6.fotosearch.com/bthumb/IMZ/IMZ001/jba0404.jpg

[30] http://us.cdn1.123rf.com/168nwm/gubh83/gubh831002/gubh83100200027/6466339-springen-sie-silhouettes-3-freunde-springen-bearbeitbare-vector-silhouette.jpg

[31] http://www.fortunecity.com/westwood/stoneplace/103/scrapsite/pinic_basket_outside.BMP

[32] http://media.4teachers.de/images/thumbs/image_thumb.5685.jpg

[33] http://www.yubacity.net/stormwater/images/pool-care.gif

[34] osm-tah-cache.firefishy.com/~ojw/MapOf/?lat=51.514&long=7.465&z=12&w=500&h=500&format=jpeg

Lightning Source UK Ltd.
Milton Keynes UK
UKHW010753160720
366640UK00003B/609